AF329304

ORDONNANCE DU ROI,

Portant établissement d'une Masse affectée aux Recrues des régimens d'Infanterie françoise, Cavalerie, Dragons & Troupes-légères.

Du 1.er Janvier 1768.

DE PAR LE ROI.

SA MAJESTÉ ayant jugé à propos, pour le bien de son service, de faire quelques changemens dans l'administration des Recrues de ses régimens d'Infanterie françoise, Cavalerie, Dragons & Troupes-légères : Et voulant lui donner une forme plus propre à en assurer le succès, Elle a ordonné & ordonne ce qui suit :

ARTICLE PREMIER.

IL sera établi, à commencer du 1.er du mois de Janvier de la présente année, une Masse pour les recrues de chaque

Établissement de la Masse des Recrues.

A

régiment d'Infanterie françoise, Cavalerie, Dragons & Troupes-légères; à la réserve cependant du régiment d'Infanterie de Sa Majesté, & du Corps-royal de l'Artillerie qui continueront de jouir des traitemens qui leur sont réglés pour l'objet des recrues; ladite Masse aura lieu.

SAVOIR:

Pour les régimens d'Infanterie, sur le pied de seize livres pour chaque homme par an, au complet, y compris les Fifres & Musiciens attachés à l'État-major.

Pour les régimens de Cavalerie, de vingt livres par homme, au complet.

Pour les Dragons, de dix-huit livres par homme, au complet.

Et de seize livres également pour chaque homme à pied ou monté, au complet de chaque Légion; laquelle Masse servira uniquement dans tous les temps à la levée des recrues & au rengagement des anciens Soldats, Cavaliers ou Dragons : cette Masse sera payée chaque mois avec la solde, remise à la caisse de chaque régiment, & régie en conformité de ce qui sera prescrit ci-après.

2.

Emploi de la Masse. SA MAJESTÉ s'étant fait rendre compte du nombre d'hommes que chaque régiment avoit à faire, pour se compléter, lors de la revue d'inspection du mois de Septembre dernier; & ayant fait remettre à la caisse de chacun desdits régimens les fonds nécessaires pour remplir le vide constaté par ladite revue, sur le pied de cent livres par homme; son intention est, qu'à l'avenir, la Masse pour les recrues étant établie, à commencer du 1.ᵉʳ du présent mois de Janvier, serve au remplacement des hommes qui manqueront par la suite, soit par mort, désertion, congé absolu ou telle autre cause que ce puisse être.

3.

Le travail des Recrues en commun. L'INTENTION de Sa Majesté est, que le travail des recrues de chacun des régimens d'Infanterie, Cavalerie, Dragons & Troupes-légères, soit fait en commun pour chaque corps.

4.

SA MAJESTÉ voulant être informée de l'administration de ladite Masse des recrues, ordonne au Major de chaque régiment, de tenir un registre, dont les premières & dernières feuilles seront signées, & tous les feuillets cotés & paraphés par le Commissaire des guerres, chargé de la police du régiment; sur lequel registre ledit Major portera toutes les recettes & dépenses par lui faites, tant pour les engagemens des hommes de recrue, que pour les rengagemens échus ou à échoir des bas Officiers ou anciens Soldats, lesquelles recettes & dépenses seront expliquées en détail, avec la date des jours qu'elles auront été faites.

Administration de la Masse.

5.

LE Major de chaque régiment adressera, le 1.ᵉʳ Mai de chaque année, au Secrétaire d'État ayant le département de la guerre, un état sommaire de la situation de ladite Masse, tant en recette qu'en dépense; lequel état sera certifié par lui, visé du Commandant du régiment, & arrêté par le Commissaire des guerres qui en aura la police: il remettra d'ailleurs à l'Inspecteur, lors de sa revue du mois de septembre, un second état dans la forme prescrite ci-dessus, pour être joint à ladite revue.

État de la situation de la Masse.

6.

L'ARGENT de cette Masse appartiendra à tout le corps en général, & le compte de la dépense de toutes les recrues qui auront été faites pour chaque régiment, sera arrêté tous les ans par l'Inspecteur, lors de sa revue, en présence du Colonel, du Lieutenant-colonel, du Major & des deux premiers Capitaines, conformément aux dispositions de la présente ordonnance.

Dépenses & bénéfice sur la Masse.

Le bénéfice qui se fera sur ce fonds, sera réservé, & il n'en sera disposé en aucune manière sans les ordres de Sa Majesté.

7.

SI par une négligence prouvée des Officiers, la dépense des recrues excédoit la Masse qui y est destinée,

Excédant de dépense, retenu sur les Officiers.

4

cet excédant seroit retenu sur les appointemens de tous
les Officiers du corps, Sa Majesté se réservant d'ordonner
la punition qu'auroit encourue particulièrement le Commandant.

8.

SA MAJESTÉ veut qu'il ne soit admis dans ses Troupes
que des sujets de bonne volonté, de l'âge de seize ans
accomplis jusqu'à trente-cinq, pendant la paix, & aussi
de l'âge de seize ans accomplis jusqu'à quarante, pendant
la guerre; de la taille de cinq pieds un pouce au moins
en temps de guerre, pieds nus; & de cinq pieds un
pouce six lignes aussi pieds nus & d'espérance, en temps
de paix, pour l'Infanterie; de cinq pieds trois pouces, pieds
nus pour les Dragons; & de cinq pieds trois pouces six
lignes au moins, aussi pieds nus pour la Cavalerie.

Permet néanmoins Sa Majesté qu'en temps de guerre
lesdits Officiers puissent enrôler des hommes de quarante-
cinq ans, qui, ayant déjà servi, seront encore en état de
reprendre le service; & des Soldats qui, après avoir ob-
tenu des places à l'Hôtel royal des Invalides, auront la
force & les qualités nécessaires pour continuer de servir,
pourvu cependant que ces derniers soient munis d'une
permission par écrit du Gouverneur de l'Hôtel.

9.

TOUS ceux qui pourroient être engagés avant l'âge
de seize ans, seront tenus pour obtenir leur dégagement,
de produire leur extrait baptistaire, dûment légalisé par
le Juge ou le Subdélégué du lieu; & lorsqu'il sera prouvé
qu'ils auront été engagés, de quelque manière que ce
soit, avant ledit âge de seize ans accomplis, veut Sa
Majesté que leur congé leur soit délivré après qu'ils
auront remis à la caisse des recrues du régiment, les
sommes qu'ils auront reçues d'engagement, & le prix
des effets qui leur auront été donnés.

I O.

ENTEND Sa Majesté que pour que les dispositions
de l'article précédent, aient lieu en faveur de ceux qui

se trouveront avoir contracté un engagement avant l'âge de feize ans, ils foient tenus de réclamer contre ledit engagement, au plus tard dans l'efpace du mois qui fuivra celui où ils auront atteint ledit âge de feize ans; lequel temps paffé, leur engagement fera reconnu valable, & leur congé ne pourra leur être donné qu'après l'expiration de leur engagement.

I I.

VEUT cependant bien permettre Sa Majefté à tous les Commandans de fes régimens d'Infanterie, d'admettre, à raifon d'un par compagnie, les enfans des bas Officiers & Soldats de chaque régiment nés au corps, à y faire le fervice, & y recevoir la folde comme les autres, lorfqu'ils auront atteint l'âge de dix ans & qu'ils feront d'efpérance : Enjoint Sa Majefté aux Commiffaires des guerres, de les comprendre dans leurs revues, pour faire nombre dans les compagnies, fur le certificat du Major, qui reconnoîtra qu'ils font enfans du corps & nés au corps; bien entendu que lefdits enfans, lorfqu'ils feront parvenus à l'âge de feize ans, feront tenus, s'ils ont les qualités requifes, de contracter un engagement de huit ans, en leur donnant le prix de l'engagement comme aux hommes de recrue.

Enfans des bas Officiers & Soldats, admis à l'âge de dix ans.

I 2.

LES Officiers-recruteurs examineront avec foin, tous les hommes qui auront déjà fervi, & refuferont ceux qui leur paroîtront fufpects, pourfuivis ou flétris par la Juftice, & indignes de la profeffion des armes; ils n'engageront point les hommes des îles de Ré & d'Oleron, les hommes claffés dans la Marine, ou affujettis au fervice de la Garde-côte; ceux qui feront tombés au fort de la Milice, ni ceux qui ayant déjà fervi, ne feront point porteurs de congés abfolus en bonne forme, ni enfin ceux nés dans le Comtat Venaiffin, fans avoir une permiffion par écrit du Vice-légat.

Choix des hommes de recrue.

I 3.

LE temps du fervice des hommes de recrue, fera,

Terme des engagemens.

conformément aux ordonnances des 10 & 21 décembre 1762, de huit années; pendant lesquelles ils ne pourront s'absenter, sans congé, de la troupe dont ils seront, à peine d'être poursuivis & punis comme Déserteurs: Voulant Sa Majesté, qu'à l'expiration desdites huit années de service, il leur soit expédié des congés absolus, en temps de guerre comme en temps de paix; Sa Majesté déclarant que ceux desdits hommes de recrue qui seront parvenus à des places de Sergens, de Caporaux ou d'Appointés, ne seront point obligés de servir au-delà des huit années de leur engagement; lesquelles seront comptées du jour de leur enrôlement: après lesquelles huit années, Sa Majesté donnera des ordres pour que leurs congés absolus leur soient expédiés, afin qu'ils puissent s'en retourner chez eux.

14.

POUR assurer l'exécution de l'article précédent, Sa Majesté veut que les congés absolus soient délivrés au terme fixe de l'expiration de l'engagement, sans attendre la revue de l'Inspecteur; à la réserve cependant du cas où lesdits Soldats auroient commencé une campagne avec leur régiment; ils seront alors obligés de la continuer, & leurs congés leur seront délivrés exactement, à la fin de ladite campagne.

15.

Forme des engagemens.

LES engagemens seront faits conformément au modèle joint à la présente Ordonnance, l'homme enrôlé y mettra sa signature; ceux qui ne sauront point écrire, feront leur marque en présence de deux témoins, qui signeront, comme tels, l'engagement, au bas duquel seront le signalement & les renseignemens sur la profession de l'homme engagé & sur l'argent qu'il aura reçu.

16.

LES Officiers ou bas Officiers, en recevant les engagemens dans la forme ci-dessus prescrite, délivreront aux nouveaux enrôlés, des certificats d'engagement de huit ans, conformes au modèle annexé à la présente Ordonnance, sur lesquels ils inscriront le signalement de l'homme enrôlé, & la somme qu'il aura reçue.

17.

SA MAJESTÉ considérant qu'il est plus avantageux aux Soldats d'obtenir, à l'expiration de leurs engagemens, une récompense proportionnée au temps de leurs services, que de recevoir, en s'engageant, une somme dont ils ne peuvent faire qu'un usage qui leur est souvent préjudiciable, Elle a réglé qu'à l'avenir, & à compter du jour de la publication de la présente Ordonnance, le prix de l'engagement de huit années demeurera fixé à la somme de trente livres, indépendamment du pourboire ; au moyen de quoi Sa Majesté confirme tous les avantages qu'Elle a accordés aux anciens Soldats, par ses Ordonnances des 10 & 21 décembre 1762, dont les dispositions seront ci-après rappelées.

Prix des engagemens.

18.

TOUT Officier, bas Officier, Soldat, Cavalier ou Dragon, qui aura engagé un homme, sera tenu de le présenter, dans les vingt-quatre heures, au Commissaire des guerres ou au Subdélégué du lieu où ledit engagement aura été contracté, & à leur défaut, aux Maire & Échevins dudit lieu ; & ce ne sera que sur les certificats qu'ils rapporteront desdits Commissaires des guerres, Subdélégués ou Maire & Échevins, qui constateront ledit engagement & le payement qui aura été fait en conséquence, qu'ils pourront répéter les frais qu'ils auront faits, s'ils perdoient ledit homme, par mort ou désertion.

Certificats pour constater les engagemens.

19.

AUCUN engagement ne pourra être annullé que par le Secrétaire d'Etat ayant le département de la guerre.

Validité des engagemens.

20.

LES sujets qui n'auront pas les qualités prescrites,

Renvoi des hommes défectueux.

A 4

ou qui seront attaqués d'infirmités qui les mettent hors d'état de servir, seront réformés, après l'examen qui en sera fait à leur arrivée au régiment, & les Officiers seront privés du prix réglé pour l'engagement; mais aussi Sa Majesté entend que les hommes qui ayant des infirmités habituelles, seront parvenus néanmoins, en les cachant, à contracter un engagement, soient mis en prison, & contraints de restituer ce qu'ils auront reçu.

2 1.

Admission & distribution des hommes de recrue.

A l'égard des hommes qui auront été reçus, ils seront distribués dans les compagnies du régiment, le Commissaire des guerres chargé de la police dudit régiment, après avoir vérifié tous leurs engagemens, & examiné s'ils sont conformes à tout ce qui est prescrit par la présente Ordonnance, dressera l'état de leur signalement, par compagnie, & les enregistrera sur le contrôle dudit régiment; il y marquera leur âge & la date de leur engagement, & il les emploiera sur ses revues, pour les faire payer du jour qu'ils auront été reçus.

2 2.

Instruction des hommes de recrue.

A P R È S la réception des hommes, la première attention du Commandant de chaque régiment, sera de les instruire de leurs différens devoirs, & des peines qu'ils encourroient s'ils venoient à y manquer; il leur fera lire les Ordonnances par les Officiers & bas Officiers de leur compagnie, qui auront soin de les leur expliquer; lesdits hommes seront ensuite dressés aux exercices & à la discipline, conformément à ce qui est prescrit par les Ordonnances; l'intention de Sa Majesté est cependant que lorsqu'un Officier aura engagé des hommes, avec la condition de servir dans sa compagnie, il lui soit permis de les y garder de préférence, sans qu'ils puissent en être tirés pour passer dans d'autres compagnies, hors le cas où ils seroient choisis pour le grade de bas Officiers ou pour les Grenadiers.

2 3.

L'INSPECTEUR qui sera chargé de la revue du régiment, lors de ladite revue, fera prêter serment entre ses mains aux hommes de recrue qui auront été reçus à la tête du régiment en bataille, sur les drapeaux, étendards ou guidons, qui seront réunis à cet effet ; lesdits hommes de recrue, jureront qu'*ils obéiront aux ordres de leurs Officiers & bas Officiers ; qu'ils ne quitteront jamais la Troupe dont ils seront, dans quelque occasion que ce soit, & que voulant servir Sa Majesté avec honneur & fidélité, ils ne déserteront pas.*

Prestation de serment des hommes de recrue.

2 4.

TOUT bas Officier, Soldat, Cavalier ou Dragon, qui aura passé la quatrième année de son premier engagement, pourra se rengager, s'il le demande, & ledit rengagement commencera à avoir lieu du jour que finira le premier engagement ; il lui sera accordé la somme de cent livres, s'il se rengage pour huit ans, & cinquante livres seulement, s'il ne se rengage que pour quatre ans. Sa Majesté voulant bien permettre aux bas Officiers, Soldats, Cavaliers ou Dragons, qui voudront continuer à servir, de ne se rengager que pour quatre ans, s'ils ne jugent pas à propos de se rengager pour huit ; entendant Sa Majesté que lesdits rengagemens de quatre ans, ne commencent pareillement à avoir lieu que du jour que finira le premier engagement.

Rengagemens de huit & de quatre ans.

Lesdites sommes réglées pour les rengagemens de huit ans, seront payées en quatre termes, à raison de vingt-cinq livres chacun, pour celui qui aura contracté un nouvel engagement de huit ans, dont le premier payement se fera sur le champ, & les trois autres à commencer de la dernière année de son premier engagement, & successivement ensuite dans la première & la seconde année de son nouvel engagement.

A l'égard de celui qui n'aura contracté un nouvel engagement que pour quatre ans, les cinquante livres qu'il devra recevoir, lui seront payées en cinq termes,

de dix livres chacun, dont le premier payement se fera
sur le champ, & les quatre autres, à commencer aussi
de la dernière année de son premier engagement, &
successivement ensuite, comme il est expliqué ci-dessus,
pour celui qui se sera rengagé pour huit ans; les sommes
qui seront payées auxdits bas Officiers, Soldats, Cavaliers
ou Dragons rengagés, devant être prises sur la Masse
affectée aux recrues du régiment.

2 5.

*Obligation
des Officiers
de sémestre.*

SA MAJESTÉ voulant que le travail des Recrues en
commun, ne dispense pas les Officiers d'en faire par
eux-mêmes; son intention est qu'aucun Capitaine, Lieutenant ou Sous-lieutenant ne puisse profiter du sémestre
qu'à la charge de faire au moins deux hommes de cinq
pieds deux pouces, pieds nus, pour l'Infanterie; & de
cinq pieds trois pouces six lignes au moins, aussi pieds
nus, pour la Cavalerie; & de cinq pieds trois pouces
pour les Dragons, lesquels hommes, équipés de deux
chemises, un col noir, une paire de souliers, une paire
de guêtres & un havresac, seront payés auxdits Officiers
sur le pied réglé par l'article 17 de la présente Ordonnance, & ils recevront de plus deux sous par lieue pour
chacun desdits hommes, depuis le lieu où il sera justifié
qu'il aura été engagé, jusqu'à la garnison ou quartier du
régiment; lesquelles sommes seront comptées auxdits
Officiers sur la Masse destinée aux Recrues, par le Major
du régiment : ordonnant Sa Majesté qu'il soit retenu sur
les appointemens des Officiers qui rejoindront leur corps
sans avoir rempli la condition qui leur est imposée,
une somme de cent livres pour chacun des hommes
qu'ils auroient dû faire, & que le produit de cette
retenue soit remis à ladite Masse des Recrues.

2 6.

VEUT au surplus Sa Majesté, que l'Inspecteur, de
concert avec le Commandant du régiment, soit autorisé,
dans le cas de nécessité indispensable, à augmenter le

nombre d'hommes que devra faire chaque Officier de sémestre; & lesdits Officiers qui ne rempliront pas alors le nombre qui leur aura été fixé, seront assujettis pour chacun des hommes qu'ils n'auront point présentés, à la même retenue de cent livres réglée par l'article précédent.

27.

SA MAJESTÉ ayant donné ses ordres pour l'établissement de plusieurs dépôts dans différentes provinces de son Royaume, & son intention étant de procurer des secours à ceux de ses régimens qui auront fait des pertes considérables & qui ne pourroient parvenir à se compléter que difficilement, a réglé que chacun des hommes qui seront fournis par lesdits dépôts aux régimens d'Infanterie ou aux Troupes-légères, seront remboursés par lesdites troupes sur le pied de cent livres, & ceux qui seront fournis aux régimens de Cavalerie ou de Dragons, sur le pied de cent vingt livres; Sa Majesté a ordonné en même-temps qu'il seroit réservé sur l'engagement de chacun desdits hommes, une somme de vingt livres, qui devra être employée aux menus équipemens dont ils auront besoin à leur arrivée dans les régimens où ils seront incorporés.

Hommes fournis par les dépôts de recrue.

28.

VEUT Sa Majesté que, conformément à ce qu'Elle a réglé précédemment, il ne soit accordé aucune permission de s'absenter à aucun Sergent, Maréchal-des-logis, Fourrier, Caporal, Appointé, Carabinier, Trompette ou Tambour, Soldat, Cavalier ou Dragon, depuis le 15 Avril jusqu'au 15 Octobre, à la réserve des cas indispensables qui seront jugés tels par les Inspecteurs; permettant seulement que pendant l'hiver il soit accordé aux Soldats de ses troupes, des congés limités, à raison d'un homme par escouade des compagnies de Fusiliers, & de deux par escouade des compagnies de Grenadiers, & d'un Sergent ou Maréchal-des-logis par compagnie, lesquels

Époque de la délivrance des congés de sémestre.

bas Officiers & Soldats ne pourront prétendre à leur retour que la moitié de la solde pendant le temps de leur absence, l'autre moitié devant être remise à la Masse du linge & chaussure, il ne leur sera fait en conséquence aucune avance pour leur départ.

29.

Avantage accordé aux bas Officiers qui amèneront un homme de recrue.

ENTEND Sa Majesté que chacun des Fourriers, Sergens, Maréchaux-des-logis, Brigadiers, Caporaux, Appointés, Grenadiers, Soldats, Cavaliers, Dragons, Tambours ou Trompettes, qui, à son retour, ayant joui d'un desdits congés, amènera un homme de recrue, soit noté pour obtenir un nouveau congé l'année suivante, en sus du nombre d'hommes réglés par l'article précédent, & ledit homme de recrue qui sera reçu au régiment, lui sera payé sur la Masse des Recrues, conformément aux articles 17 & 25 de la présente Ordonnance.

30.

Soldats nécessaires à leur famille.

SA MAJESTÉ voulant traiter favorablement ceux des Soldats, Cavaliers ou Dragons, qui étant par différentes raisons indispensablement nécessaires à leur famille, ne peuvent obtenir leur congé par ancienneté, Elle a réglé qu'à l'avenir il seroit accordé la permission de se dégager à ceux qui seront reconnus être dans ce cas, Elle en a fixé le nombre à cinq hommes par bataillon, & aussi à cinq par chaque régiment de Cavalerie, de Dragons, de Hussards & de Troupes-légères; déclarant Sa Majesté qu'il n'en sera expédié aucun au-delà dudit nombre, sans ses ordres.

31.

Prix des dégagemens.

NE pourront lesdits Soldats, Cavaliers ou Dragons, qui seront nécessaires à leur famille, obtenir leur congé absolu, qu'ils ne soient présens au corps, & qu'ils n'aient préalablement remis à la caisse des Recrues du régiment, savoir, ceux de la Cavalerie, trois cents livres; ceux des Dragons, deux cents cinquante livres; & ceux de l'Infanterie, deux cents livres, au moins : Entendant Sa Majesté qu'il en soit fait mention sur leur cartouche, & que le Major de chaque régiment porte en recette dans le compte de la Masse des Recrues, les hommes qui en proviendront.

3 2.

SA MAJESTÉ ayant réglé par son Ordonnance du 1.er mai dernier, qu'il seroit établi quatre classes pour le renvoi des anciens Soldats qui s'étoient engagés pour six ans, avant la nouvelle composition ; veut que ladite Ordonnance ait son exécution, de même que toutes les dispositions qui y sont contenues pour les engagemens & les rengagemens, autant qu'elles ne seront point contraires à la présente.

Renvoi des anciens Soldats.

3 3.

ENTEND Sa Majesté que ceux qui n'auront pas servi le terme de leur engagement, ne puissent être congédiés, quand bien même ils seroient les plus anciens de tout le régiment ; voulant à cet effet qu'il ne soit donné de congé qu'à ceux qui auront rempli le terme de leur engagement, & qu'ils ne puissent l'obtenir que lorsque leur temps sera achevé : Entend aussi Sa Majesté, que tous ceux qui depuis les Ordonnances des 10 & 21 décembre 1762, auront contracté des engagemens de huit ans, soient congédiés précisément le jour que finira ledit engagement, à moins qu'ils ne se soient rengagés, ou dans le cas expliqué par l'article 14 de la présente Ordonnance ; le Commandant du régiment en expédiant les congés absolus auxdits hommes qui devront être congédiés, sera tenu d'en informer le Secrétaire d'État ayant le département de la guerre.

3 4.

LES congés absolus qui seront expédiés aux Soldats, Cavaliers ou Dragons, qui par leurs infirmités ne pourront continuer de servir, & à ceux qui auront été reconnus nécessaires à leur famille, ne leur seront expédiés

Époque de la délivrance des congés absolus.

que lors de la revue que les Inspecteurs généraux de
ses Troupes feront dans le mois de septembre; défendant
Sa Majesté d'en expédier aucun dans le courant de
l'année, à la réserve de ceux dont les engagemens feront
finis & qui ne se feront point rengagés, comme il est
expliqué ci-dessus, ou dans des cas d'une nécessité indispensable & dont Elle jugera Elle-même, sur le rapport
qui lui en sera fait par le Secrétaire d'État ayant le
département de la guerre.

35.

Forme
des congés.

LES congés absolus, ainsi que les congés limités &
les congés de réforme, feront expédiés conformément
aux modèles qui feront joints à la présente Ordonnance,
approuvés par l'Inspecteur du régiment, & visés par le
Commissaire chargé de la police dudit régiment, qui
assistera aux revues d'inspection.

36.

Peine
contre les congés
frauduleux.

LES Soldats qui ne feront pas porteurs des congés
dans cette forme, & qui se trouveront avoir des congés
frauduleux, feront arrêtés par la Maréchaussée & tenus de
rejoindre leur régiment; voulant Sa Majesté, que les
Officiers qui auroient expédié ces congés, foient privés
de leur emploi, & que les congés foient envoyés au
Secrétaire d'État ayant le département de la guerre.

37.

Décompte
aux Soldats
congédiés.

TOUT Soldat, Cavalier ou Dragon, qui obtiendra
un congé absolu à l'expiration du temps de son service,
recevra le décompte de tout ce qui lui sera dû jusqu'au
jour de son départ, & il emportera le chapeau, l'habit,
la veste & la culotte qu'il aura dans le temps de l'expiration de son congé, ainsi que son havresac; le
Commissaire des guerres dressera un procès-verbal de
tous les Soldats qui obtiendront des congés absolus, marquera le jour qu'ils devront cesser de recevoir la solde,
& enverra ledit procès-verbal au Secrétaire d'État ayant
le département de la guerre.

38.

TOUT Soldat, Cavalier ou Dragon, qui après avoir servi pendant huit années, se retirera dans le royaume avec un congé en bonne forme, le fera enregistrer *gratis*, au greffe de la subdélégation de son domicile & ne pourra être obligé de tirer au fort de la Milice qu'après que tous les hommes de la paroisse, sujets à tirer, auront rempli leur service dans ladite Milice.

Prérogatives accordées aux Soldats qui auront servi huit ans.

39.

CELUI qui après avoir fait & rempli un second engagement de huit ans dans le même régiment, obtiendra son congé pour se retirer dans le royaume, sera pour toujours dispensé de tirer au fort de la Milice, & il lui sera payé chaque année la moitié de la solde dont il jouissoit en servant; il lui sera de plus délivré tous les huit ans, un habit de l'uniforme du régiment dans lequel il aura servi.

à ceux qui auront servi seize ans.

40.

CELUI qui après avoir rempli trois engagemens dans le même régiment, voudra se retirer du service, aura l'option d'être reçu à l'Hôtel des Invalides, ou de se retirer dans le royaume avec la solde entière, & il lui sera délivré tous les six ans, un habit de l'uniforme du régiment dans lequel il aura servi.

À ceux qui en auront servi vingt-quatre.

41.

L'INTENTION de Sa Majesté est que les bas Officiers, Soldats, Cavaliers, Dragons, Tambours ou Trompettes qui seront admis à la solde entière ou à la demi-solde, n'aient la solde ou la demi-solde de leur grade, qu'autant qu'ils auront servi dans ce grade pendant huit années; à ce défaut ils ne pourront recevoir la solde que du grade inférieur au leur.

Conditions pour jouir de la solde ou de la demi-solde.

42.

TOUS les Soldats qui seront estropiés au service, continueront d'être reçus à l'Hôtel des Invalides comme

Soldats estropiés au service, reçus aux Invalides.

par le passé, & conformément aux Ordonnances dudit Hôtel.

43.

LES Soldats qui auront continué à servir vingt-quatre ans dans le même régiment, seront admis à l'Hôtel des Invalides, comme il est expliqué ci-dessus, mais ceux qui auroient passé d'un régiment dans un autre, s'il n'y a point une interruption de six mois entre leurs différens engagemens, devront avoir trente ans de service pour être admis audit Hôtel.

44.

SA MAJESTÉ voulant que la présente Ordonnance soit ponctuellement exécutée, a dérogé & déroge à toutes les dispositions précédentes qui pourroient y être contraires.

MANDE & ordonne Sa Majesté aux Officiers généraux ayant commandement sur ses Troupes, aux Gouverneurs & Lieutenans généraux en ses provinces, aux Gouverneurs & Commandans de ses villes & places, aux Inspecteurs de ses Troupes, aux Intendans dans ses provinces & sur ses frontières, aux Commissaires des guerres, & à tous autres les Officiers qu'il appartiendra, de tenir la main à l'exécution de la présente Ordonnance. FAIT à Versailles le premier janvier mil sept cent soixante-huit. *Signé* LOUIS. *Et plus bas,* LE DUC DE CHOISEUL.

Modèles des Engagemens, Certificats d'Engagement, & des différentes fortes de Congés.

ENGAGEMENT.

JE m'engage avec M.   {Capitaine, / Lieutenant ou autre} au
Régiment {d'Infanterie, / Cavalerie ou / Dragons} de   pour servir pendant
huit années dans ledit Régiment, & reconnois avoir reçu la
somme de   à compte sur mon engagement,
& celle de   pour boire. FAIT à
le

LEDIT   a déclaré être   de son métier, né à
le   fils de   & de   de la taille de
cheveux & sourcils   les yeux   le nez   la
bouche   visage   marqué de   barbe

CERTIFICAT D'ENGAGEMENT.

JE soussigné {Capitaine, / Lieutenant ou autre} au Régiment {d'Infanterie, / Cavalerie ou / Dragons} de
certifie avoir reçu aujourd'hui   du mois d   de l'année
l'engagement du nommé   pour servir pendant
huit années dans ledit Régiment, lequel a reçu
à compte sur son engagement, & la somme de
pour boire, ainsi qu'il est porté sur son engagement.

LEDIT   a déclaré être né à   le
fils de   est de la taille de   cheveux &
sourcils   les yeux   le nez   la bouche
visage   marqué de   barbe

INFANTERIE,
CAVALERIE
ou
DRAGONS.

RÉGIMENT de

Approuvé par nous Lieutenant général
ès armées du Roi.

CONGÉ DE RÉFORME.

NOUS soussignés, certifions à tous ceux qu'il appartiendra, avoir donné congé de réforme au nommé   dit
de la compagnie d   au régiment d
natif d   en la province d
juridiction d   âgé de   ans, de la taille de   lequel a été jugé incapable de servir dans les Troupes de Sa Majesté, étant

FAIT à   le   jour du mois d
mil sept cent soixante-

Vu par nous Commandant dudit régiment.	Vu par nous Commissaire des guerres.	Certifié par nous Major dudit régiment.

INFANTERIE,
CAVALERIE
ou
DRAGONS.

RÉGIMENT de

Approuvé par nous Maréchal des camps
ès armées du Roi.

CONGÉ LIMITÉ.

NOUS soussignés, certifions à tous ceux qu'il appartiendra, avoir donné congé pour aller à   jusqu'au   prochain,
au nommé   dit   de la compagnie
d   au régiment d   natif d
en la province d   juridiction d
âgé de   ans, de la taille de

FAIT à   le   jour du mois d
mil sept cent soixante-

Vu par nous Commandant dudit régiment.	Vu par nous Commissaire des guerres.	Certifié par nous Major dudit régiment.

INFANTERIE,
CAVALERIE
ou
DRAGONS.

RÉGIMENT de

Approuvé par nous Lieutenant général
ès armées du Roi.

CONGÉ MILITAIRE.

Nous soussignés, certifions à tous ceux qu'il appartiendra, avoir donné congé absolu au nommé

dit   de la compagnie d   au

régiment d   natif d   en la

province d   juridiction d   âgé

de   ans, de la taille de

Fait à   le   jour du mois d

mil sept cent soixante-

Vu par nous Commandant
dudit régiment.

Vu par nous Commissaire
des guerres.

Certifié par nous Major
dudit régiment.

A PARIS, DE L'IMPRIMERIE ROYALE. 1768.